Die LYRIKEDITION 2000 wird herausgegeben von

Heinz Ludwig Arnold

Das Buch

Seit Beginn seiner literarischen Tätigkeit stellt sich Michael Groißmeier in seinen Texten immer wieder Charons Blick, der Beschäftigung mit dem eigenen Tod. Mit diesem Band legt er nun die Summe dieser lebenslangen Auseinandersetzung vor, eine Auswahl von Gedichten aus vierzig Jahren dichterischen Schaffens. Das Werden und Vergehen der Natur dient Groißmeier als Spiegelbild menschlicher Vergänglichkeit. Eindringlich beschreibt er das Sterben als Einswerden mit der Natur, als Rückkehr und Eingebundensein in ihren Kreislauf. »Bei aller Phantasie um das Sterben ist gleichwohl die Lust am Leben zu verspüren. Groißmeiers Gedichte sind sinnlich-elegisch und sie sind Naturmagie. Sie enthalten mythologische, pantheistische, ebenso christliche Elemente.«
Rupert Schützbach in der Zeitschrift »Öffentliche Bibliotheken in Bayern«.

Der Autor

Michael Groißmeier, Jahrgang 1935, ist Lyriker und Erzähler. Vierzig Buchpublikationen: Lyrik, deutsches Haiku, Nachdichtung japanischer Haiku, ein Roman, Erzählungen. Sein literarisches Werk wurde ausgezeichnet u.a. mit der Bürgermedaille der Großen Kreisstadt Dachau (1984), der Ehrengabe der Stiftung zur Förderung des Schrifttums (1986) und dem Verdienstkreuz am Bande des Verdienstordens der Bundesrepublik Deutschland (1998); außerdem war er Ehrengast der Deutschen Akademie Villa Massimo in Rom (1988/89). Michael Groißmeier ist Mitglied der süddeutschen Literatenvereinigung «Die Turmschreiber». Er lebt in Dachau bei München. Von Groißmeier erschien 2001 der Gedichtband »Mein irdisches Eden« in der LYRIKEDITION 2000.

Michael Groißmeier

Charons Blick

Gedichte aus vierzig Jahren

1962 – 2001

Die LYRIKEDITION 2000 ist ein Books on Demand-Verlag der Buch & medi@ GmbH, München. Dieser Verlag publiziert ausschließlich Books on Demand in Zusammenarbeit mit der Books on Demand GmbH, Norderstedt, und dem Hamburger Buchgrossisten Libri. Die Bücher werden elektronisch gespeichert und auf Bestellung gedruckt, deshalb sind sie nie vergriffen. Books on Demand sind über den klassischen Buchhandel und Internet-Buchhandlungen zu beziehen.

Weitere Informationen über den Verlag und sein Programm unter: www. lyrikedition-2000.de

Bibliographische Information Der Deutschen Bibliothek

Die Deutsche Bibliothek verzeichnet diese Publikation in der Deutschen Nationalbibliographie; detaillierte bibliographische Daten sind im Internet über <http://dnb.ddb.de> abrufbar.

März 2003
LYRIKEDITION 2000
Ein Books on Demand-Verlag
der Buch & medi@ GmbH, München
© 2003 Michael Groißmeier
Umschlaggestaltung: Bauer+Möhring, Berlin
Herstellung: Books on Demand GmbH, Norderstedt
Printed in Germany · ISBN 3-935877-77-3

*Daß ich war und lebte,
daß ich atmen durfte –
es genügt.*

SERGEJ JESSENIN

Blauer Falter

Einem blauen Falter
bürde ich
meine Sehnsucht auf.

Morgens
finde ich ihn ertrunken
im Gartenbassin.

        23.4.1962

Sommermittagstunde

Wie ein Messerwurf das Licht.
Baum und Laub verletzt es nicht.

Doch die Birne, die sich rundet,
hat metallen es verwundet,
daß sie halb gespalten klafft.

Sanft aus weißer Birnenwunde
blutet Sommermittagstunde
und vertropft mit ihrem Saft.

                    19.6.1970

STERNWESPEN

Der Mond ein weißes Wespennest,
von Sternenwespen wild umflogen,
und manche schwirren durchs Geäst,
von süßen Birnen angezogen.

Die Sternenwespen summen laut
und sind der süßen Frucht gewogen.
Am Morgen hängt die Birnenhaut
hauchdünn im Laub und ausgesogen.

          19.7.1970

Spät im September

An den Bewegungen des Laubs,
spät im September,
wird sichtbar die Sprache
des Winds, wird sichtbar
mit Nußlaubzungen geflüsterte
Drohung des Künftigen.

Die Trauer der Welt,
im weißen Hirn der Nuß
ist sie vorausgedacht.

                        8.7.1973

TAGNEIGE

Und wieder geht ein Tag zur Neige
voll Duft nach abgefallnem Laub,
voll Hieroglyphen kahler Zweige,
geschrieben in den Sternenstaub.

Und wieder fang ich an zu sinnen,
find Anfang und find Ende nicht.
Die Sterne lauern, weiße Spinnen,
im Netz aus Zweigen, Mond und Licht.

12.1.1974

Ein Sommertag

Unwiederholbar
dieser Sommertag,
von weißem Weidensamen
sanft durchflogen:
Mit Lippen, irgendwann
in weiches Weidenlaub
verwandelt, höre ich mich
seufzen an den Zweigen.

28.7.1974

Verlassener Pfad

Nesseln. Brombeerranken.
Wind. Der Pfad wächst zu.
Schnittpunkt der Gedanken:
Immerfort bist du.

Schritt, im Laub verklungen.
Schmerz, der einmal war.
Licht mit leisen Zungen
leckt das Katzenhaar.

26.7.1975

Weisses Briefpapier

Weißes Briefpapier,
noch unbeschrieben.
Morgen schreibe ich dir:
Du mußt mich lieben.

Weißes Briefpapier,
noch unverdorben.
Morgen schreibe ich dir.
Aber ich bin gestorben.

26.7.1975

SOMMERMITTAG

Auf die Sonnenuhr, sekundenlang,
legt sich leis ein Flügelschatten,
und ich fühle meinen Herzschlag bang
einen Augenblick ermatten.

Augenblick, ganz ohne Maß und Zeit.
Herz, ach, wirst du ihn bestehen,
ahnend, wie einst in der Ewigkeit
Gottes Uhren schrecklich gehen!

11.4.1976

Im Lupinenlicht

Ich habe noch im Ohr die Hummeln.
Sie nippten vom Lupinenlicht
und streiften mit den Flügelstummeln
berauscht im Aufflug mein Gesicht.

Die Gottheit atemlos ich spürte,
und immer noch brennt mein Gesicht,
wo sie, verwandelt, mich berührte,
wie nie mehr, im Lupinenlicht.

28.6.1976

Im Gras

Mit dem Gras verwächst mein Haar,
Grillenhöhle ward mein Ohr,
und was einmal Lippe war,
schiebt als Lattichblatt sich vor.

Übers Gras ein Windhauch weht,
über meine Lippen hin,
und ein leises Seufzen geht
durch die Halme, die ich bin.

25.7.1976

Amseln im Schnee

Und sanfter ist ihr Schwarz im Weiß,
das leicht auf ihren Flügeln liegt,
wie Luft, die sie durchflogen leis,
und die gefror zu Schnee und Eis,
daß sie kein Flügel mehr durchfliegt.

12.12.1976

BÄUME

Immer aufstrebend
zum Himmel.

Immer dieselbe
flehende Haltung
der Äste, der Zweige.

Immer diese Ähnlichkeit
mit Menschen.

Auch im Fallen.

13.3.1977

Doch niemals ruft einer

Immer in die Erde gesenkt werden,
gesalbt, in Linnen gewickelt
oder in einem hölzernen Sarg,
ob in Baiern, Judäa,
immer ist es die nämliche Erde,
die einst Lazarus barg,
und die duftet wie eh
nach der märzlichen Kühle des Taus –
Doch niemals ruft einer:
«Lazarus, komm heraus!»

25.3.1978

MAHNMAL

Hier an dieser Mauer
wurde damals einer
standrechtlich erschossen.
Ein Schuß traf sein Herz,
ein andrer das Herz seines Schattens.
Sein Körper sank nieder,
sein Schatten blieb stehen:
ein Mahnmal.

22.10.1978

An einem Novembertag

Fohlenweide am Fluß,
das Wispern des Wassers durch den Nebel,
mein Kind, das ein Fohlen streichelt,
ihm etwas ins Ohr flüstert,
während sich das Haar bereift,
Augenblick an einem Novembertag,
Vergangenheit schon, Erinnerung
nach einigen Bewegungen der Augenlider.

11.11.1978

Sich zurückziehen

Sich zurückziehen
mit Geschriebenem,
in Noten Gesetztem,
dazwischen Pflanzen,
die langsam wachsen,
einige Bilder mit Bäumen,
so sich wappnen für die Zeit
nach dem Erblinden,
Ertauben, Verstummen.

25.11.1978

Kirschbaum im Regen

Der Kirschbaum voller Tropfen hängt,
die einen rot, die andern weiß,
und jeder sich zum andern drängt
wie auf ein heimliches Geheiß.

Ein jeder will im andern sein,
verrinnen sanft das Weiß im Rot,
das Rot will wild ins Weiß hinein
wie auf ein heimliches Gebot.

Doch keiner sprengt den eignen Kreis,
ein jeder hängt allein für sich,
und bläst der Wind ins Rot, ins Weiß,
ein jeder Tropfen fällt so leis
und so allein wie du und ich.

9.3.1980

Einzige Möglichkeit

Immer am gleichen Platz
die Bäume.

Umarmungen
kennen sie nicht.

Einzige Möglichkeit,
sich zu berühren:

mit den Blattspitzen,
wenn Wind sie bewegt.

10.1.1981

Unter gewissen Voraussetzungen

Auf ihren Grabplätzen
stellten die Wikinger
hölzerne Schiffe auf
mit dem Heck in der Erde,
mit dem Bug nach oben,
als wollten sie andeuten,
daß alle Fahrten zu Wasser
doch nur um die Erde führen
und der Anfang
zugleich das Ende sei,
die einzig richtige Richtung
vielmehr nach oben weisen müsse
in den beargwöhnten Himmel,
oder auch nur zum Zeichen
ihrer Sehnsucht,
einer unbestimmbaren Ahnung,
schiffbar sei auch die Luft,
wenn auch nur unter gewissen,
jetzt noch verborgenen Voraussetzungen.

12.1.1981

Schon jetzt

Jeden Tag
sich Worte absparen
vom Mund,
sich schon jetzt
einen Teil der Sprachlosigkeit
erkämpfen,
die uns erwartet.

12.1.1981

URZUSTAND

Dem Sirren des Pfeils,
dem Nachschwingen der Sehne
entnahmen sie einen gewissen
Wohllaut.

Da strichen sie mit dem Pfeil
über die Sehne,
entdeckten zum erstenmal
so etwas wie Musik.

Aber der Gebrauch des Pfeils
als Fiedelbogen,
der Sehne als Saite
hinderte sie nicht daran,
weiter zu töten
bis heute.

                        8.2.1981

GLAUBEN GENÜGT NICHT

Nicht einmal im Traum
gelang es mir bisher,
über Wasser zu wandeln.

Immer bin ich versunken,
schon beim ersten Schritt.

Wenn ich dagegen
das Weidenblatt betrachte,
wie es unerschütterlich
an der Oberfläche bleibt!

Muß ich nicht erst leicht werden,
arglos wie Laub?

Glauben allein
genügt nicht!

20.4.1981

WIE SONNE

Zuletzt wird es keine
dunklen Stellen mehr geben
in mir.

Alles wird leuchten
und klar sein.

So wie Sonne
durch Staub scheint.

                20.7.1981

Gefahr

Fisch sein –
doch die Reuse!

Vogel sein –
doch die Leimrute!

Mensch sein –
doch der Stolperdraht!

Nicht sein –
doch die Gefahr,
geboren zu werden!

          25.7.1981

Herzverpflanzung

Vielleicht einmal
ein fremdes Herz
in meinen Brustkorb,

das meine
ab ins Feuer!

Das eine Schall,
das andre Rauch!

                6.9.1981

Dachaus schwarze Erde

Warum also liebe ich
schwarze Erde
am meisten?

Weil sie schwarz ist
wie Asche?
Weil sie leicht ist
wie Asche?
Weil sie davonfliegt
wie Asche?

Brennen will ich, brennen,
um Asche zu werden, Erde –

Erde, geschlagen, getreten, geschändet,
ins Feuer geworfen,
gepeinigt, gereinigt, geläutert,
Erde, die sich beweinen läßt,
bewegen, beatmen, aufs neue beseelen,
Erde mit ihrer unvergleichlichen Farbe:

Schwarz.

17.10.1981

Er war nicht Marsyas

blies nie die Flöte,
forderte auch nie
Apollon heraus,
den göttlichen Kitharaspieler.

Und doch hängte man ihn auf
an einer Kiefer,
zog ihm die Haut ab.

Er war nicht Marsyas,
er, dessen Haut
nun die Lampe umspannt,
schön durchschienen
vom abendländischen Licht.

15.11.1981

Von Jan Pietersson Sweelinck

hör ich im Radio
die Phantasia Nr. 6
für Cembalo –

wie wenn einer
über Eis schreitet,
zugefrorene Grachten,
eine verharschte
Brücke besteigt,
die sich heraufwölbt
in unser Jahrhundert.

    5.1.1982

WAHRNEHMUNG

Früher wog mir die Nacht
nicht schwerer auf den Augenlidern
als der Morgen.

Traumleicht fielen sie mir zu,
ohne Widerstreben,
unter flirrendem Sternlaub,
im Ansturm fremder
aufglimmender Wimpern.

Nun nehme ich wahr als Gewicht
den sich bewölkenden Himmel,
Körperschatten, Nachtregen,
die lichttropfende Frühe.

Und nehme wahr,
wie schwerer und schwerer sie mir lasten
auf den Augenlidern, die aufbegehren,
sich wehren gegen den Zwang,
sich zu schließen.

20.2.1982

Bei jeder Zeile

die ich schreibe,
verhungert ein Kind.

Bei jeder Zeile,
die ich nicht schreibe,
verhungert ein Kind.

Ist es also gleich,
ob ich schreibe
oder nicht?

14.3.1982

Ohne Widerrede

Zu denen
wird man uns betten
unter die Erde,
zu denen wir uns niemals
gesellt hätten,
und wir werden eine
Verträglichkeit erfahren
untereinander
wie niemals zuvor,
und werden die Friedfertigkeit annehmen
des Staubkorns,
ohne Widerrede.

26.3.1983

Manchmal erschrecke ich

wenn ich mit der einen Hand
meine andere berühre
und es sich anfühlt,
als berührte ich
eine fremde,
doch es beruhigt mich,
wenn sich die fremde
nicht fremder anfühlt
als meine eigne.

                2.4.1983

Unter der Zunge der Knoten

wächst und wächst
und fühlt sich an wie eine Knospe.
Deutet sich eine neue Zunge an,
ähnlich dem Blatt eines Baums,
und fähig zu einer Sprache,
die sich einfügt in freies Feld,
in eine Ebene,
in das Rauschen des Wassers,
des Winds?

15.10.1983

FRAGEN

Ist der Tod die Antwort
auf das Leben?
Einmal werden wir es wissen.
Aber werden wir aufhören zu fragen,
und wird die Antwort dann
das Leben sein?

16.10.1983

An der Isar

Die zu Stein gewordenen
Augen der Ertrunknen,
Ertränkten.

Dieses Rollen am Grund,
unaufhaltsam,
dem Meer zu.

Diese Zuversicht
des blinden Gerölls.

20.11.1983

LEICHT ZU ERTRAGEN

Ich decke dich zu
mit meinem Leib,
um dir die Angst zu nehmen
vor der Erde,
die auf dir liegen wird,
schmiegsam und sanft,
leicht zu ertragen,
fast wie mein Leib.

4.1.1984

NYMPHENBURG

Den steinernen Göttern im Park
bürstet der Gärtner
das Moos von den Augen.
Welch ein Glück,
nach einem halben Jahrhundert Blindheit
wieder sehend zu werden –
aber nichts als blankes Entsetzen
in den aufschimmernden Augen,
das zu besänftigen
das Moos
Jahrhunderte braucht.

      12.2.1984

Arten, den Wuchs zu messen

Als Kind
stellten sie mich
an die Zimmerwand,
um meinen Wuchs
zu messen.

Kreidestriche
wie Hochwassermarken.

Später sah ich eine Wand,
an die sie einen gestellt hatten.

Kugeleinschläge in Kopfhöhe,
Blutmarken.

In diese Höhe
war ich damals
noch nicht gewachsen,
zu dieser Größe
bin ich niemals gelangt.

11.6.1984

Liegen

Liegen:
näher der Erde sein.

Zum Greifen nah,
was genügt:

ein Büschel Gras –

genug,
sich daran festzuhalten,

genug,
um zu glauben,
es hielte.

11.12.1984

So leicht also!

Nimm die Hand aus dem Wasser,
es bleibt keine Höhlung!
Zieh den Fuß weg,
schon rieselt Sand nach!
Man legt dich ins Grab,
die Leere, die zurückbleibt,
füllt sich mit Luft!
So leicht also nehmen die Dinge
unseren Platz ein,
wenn wir ihn räumen!

    16.12.1984

Im Schnee

Im Schnee find ich Fußspuren
neben den meinen von gestern.
Warum, denke ich, ist da einer nicht
in die meinen getreten,
um sich den Gang übers Feld
zu erleichtern?
Und ich beginne neben seiner Spur
eine dritte.
Ist es die Lust, durch unberührten
Schnee zu waten,
oder das Bedürfnis,
eine Spur zu hinterlassen,
die uns aufs neue
aufrecht gehend beweist?

      20.12.1984

WINDSTILLE

Etwas sein,
das nicht auffällt,
das einfach da ist:
Windstille.

        28.12.1984

Wolfgang Amadè

Mit dem Stiefel
ein Menuett
in den Schnee.

Dem Föhnwind,
dem welschen,
aus Jux.

Der bläst es vom Blatt
über Nacht.

Davon mit dem Schmelzwasser
in C.

Nichts verzeichnet
bei Köchel.

                      1.1.1985

Mit der Erdkugel am Fuss

Lang genug nur
schau empor
zu den Wolken,
und sie werden stillstehn,
indes du dahinfliegst
mit der Erdkugel am Fuß!

18.2.1985

Dachau, 1945

Nach Hause schlenderte ich,
unterm Arm einen Laib Brot,
den ich mir mühsam ergattert hatte
in einem noch nicht geplünderten Laden.

Da holten mich Leiterwagen ein
mit Verhungerten aus dem Lager.
Weit aufgerissene Augen
starrten auf mein Brot.
Klaffende Münder
schnappten nach ihm.
Knöcherne Finger
griffen danach,
es mir zu entreißen.

Haben auch die Toten
noch Hunger?

Voll des Entsetzens
rannte ich weg,
den Arm um das Brot gepreßt.
Keinen Biß wagte ich
in die Schnitte,
die zum Nachtmahl
die Mutter mir reichte.

15.3.1985

Unser Platz

Erhabenheit des Sternhimmels –
wie auch seine Gleichgültigkeit.
Leicht, sich eine göttliche
Ordnung vorzustellen,
und daß wir in ihr
einen Platz haben –
wie das Korn zwischen mahlenden
Mühlsteinen.

                8.7.1985

Wachsende Mehrheit der Friedfertigen

Wenn ich die Augen schließe,
tut sich mir der Blick auf
unter die Erde,
seh ich, wie die Bäume
Verbindung halten untereinander
mit ihren Wurzeln,
wie die Strömungen des Wassers
sich vereinigen zu einem
gewaltigen Fluß,
und ich sehe, wie die Toten
einträchtig nebeneinander liegen,
eine wachsende Mehrheit
der Friedfertigen,
der wir uns nach und nach zugesellen.

      12.7.1985

HÖLDERLIN

Etwas beobachtet ihn,
ob er schläft oder wacht.
Etwas beobachtet ihn unablässig,
gibt sich nicht zu erkennen,
tarnt sich als Baum vor dem Fenster.

17.7.1985

DIE VOLLKOMMENE ART UND WEISE ZU REDEN, ZU SCHWEIGEN

Diese Stille in Laubwipfeln –
wir nur stören sie
mit unserer Geschwätzigkeit.
Hätten wir Zungen aus Laub,
wir redeten bei Wind,
schwiegen bei Windstille –
ich kenne keine vollkommenere
Art und Weise zu reden,
zu schweigen!

5.12.1985

WAS WIRD SICH NOCH ZEIGEN?

Ausgestorben die Wölfe –
woher aber ihre Spuren
im Schnee?

Hat sie der Schnee
im Gedächtnis bewahrt,
und zeigt es sich jetzt –

was wird sich noch zeigen?

              9.12.1985

Der Schatten des Türmers

Der Schatten des Turmes im Schnee –

der Schatten des Türmers
schließt die Türe auf,
tritt ein in den Schatten.

Im Innern des Schattens
steigt er nach oben.

Mit dem Schatten des Turmes
verliert sich sein Schatten.

Weiß leuchtet der Schnee.

                    15.12.1985

Ich, Kolumbus

Schattenkaravellen
über Schnee.

Wolkensegel,
hispanisch weiß.

Indien liegt in der Luft.

Dahinter das Land,
zu finden nur
mit geschlossenen Augen.

6.1.1986

WINTERLANDSCHAFT
Nach einem Bild von Hendrick Avercamp

Durch das Bild schau ich zurück
in ein vergangenes Jahrhundert:
eine Windmühle,
Schnee aufwirbelnd
und Krähen.
Ein zugefrorener Teich.
Ruderboote,
randvoll mit Eis.
Schlittschuhläufer in Pluderhosen –
Einer stürzt hin,
vom Schatten eines
Windmühlflügels gestreift.
Ich suche nach den Gesichtern
unter den Spitzhüten,
hinter Halskrausen,
frostweißen Bärten.
Ich will wissen,
ob ich unter ihnen bin –
oder unter der Eisdecke
unseres Jahrhunderts.

26.1.1986

DER DICHTER

Unverwechselbar
seine Gedichte.

Später um seine große Zehe
ein Zettel
mit seinem Namen darauf –

um ihn nicht
zu verwechseln.

23.2.1986

Vor der Nacht

Die Blätter atmen abends leiser.
Auch heut bist keinen Deut du weiser.
Und wieder nichts hat dieser Tag gebracht,
und wieder nichts wird bringen diese Nacht.

Du hast vielleicht ein einzigs Mal gelacht.
Wohl schriest du auch vor Schmerz dich heiser.
Du hast die Augen auf- und zugemacht
und über Kümmernisse nachgedacht.

Dann brachst du abgestorbne Reiser
und hast damit ein Feuerchen entfacht,
hast dich an ihm gewärmt und es bewacht,
doch nicht bedacht, wie lang, wie lang die Nacht!

27.7.1986

JOHANNISBEEREN

Wir werden nicht mehr wiederkehren.
Die Büsche, voll von reifen Beeren,
die Vögel sollen sie jetzt leeren!

Sie sollen unsern Garten haben
und die uns nicht vergönnten Gaben,
nun ungestört von uns, verzehren!

Wir werden nicht zurückbegehren,
und werden uns an andern Beeren
in einem andern Garten laben.

13.8.1986

Fruchtfall

Nun hebt die Zeit des Fruchtfalls an.
Dies Pochen nächtens an die Erde –
daß einer eingelassen werde?
Und wird ihm aufgetan?

Was nimmt die Frucht sich seiner an?
Kann er nicht selbst um Einlaß pochen?
Ist ihm der Arm, die Hand zerbrochen?
Rührt auch sein Herz nicht an?

21.9.1986

FÜRST MYSCHKIN

1

Mein Wandern mit den Jahren.
Ihr unaufhörliches Branden
gegen meine Brust.
Irgendwann ist die Bresche geschlagen:
einströmen wird sie in mich,
mich überfluten, die Ewigkeit.

2

Die Vorstellung von einem
leichten Kahn –
sie genügt mir,
den Fluß zu überqueren.

Ich steige ein,
reduziert auf
einen
Gedanken:

Was dort am Ufer steht
und einen schlanken Schatten wirft,
ist nur mehr Fleisch und Bein.

3

Wie von Stirnen
lese ich ab von den Steinen,
was mir geschehen wird.

Jahrtausende lang
haben sie nachgedacht,
die Steine,
haben zu keinem
Laut noch gefunden,
zu keiner Verlautbarung
über mich.

4

Wie lange noch
fällt mein Schatten
auf Schnee?

Wie lange noch
ist er preisgegeben
der Großmut des Lichts?

Eine Wolke schon
löscht ihn aus,
ein Krähenschwarm,
leichtes Flockengestöber –

erst recht dann
die mondlose Nacht,
ein Schaufelwurf Erde.

14./15.2.1987

KÄM DA EINER UND RIEFE

Ist die Erde
nicht wie ein Haus,
in dem ich wohnen werde!

Käm da einer und riefe:
«Lazarus, komm heraus!»,
während ich schliefe,

ich wäre verdrossen
und hielte das Haus
von innen verschlossen!

15.3.1987

Namenlos

Was immer noch der Nachtwind summt,
stammt es von einem Namenlosen,
der, ehe er zu Tod verstummt,
dies leicht mit seinem Finger schrieb,
nur in die Luft, die weitertrieb?
Sonst nichts von ihm, nur was viellieb
dem Nachtwind im Gedächtnis blieb.

28.3.1987

Der Tod in Flandern

An einem Flußbett lesen, liegen
und mich in dem Gedanken wiegen,
der Tod sei immer noch in Flandern
und sei beschäftigt dort mit andern,
und uns, uns habe er vergessen
und sei auch nicht darauf versessen,
so weit nach Bayern herzuwandern.

11.4.1987

Mit Trakl

Mit Trakl säß ich gern beim Wein!
Wir äßen junge Nüsse, sprächen
kein Wort, wenn wir die Schalen brächen.

Das Nachtlaub schwiege an den Zweigen,
und unser beider trunknes Schweigen,
es müßte wie für immer sein!

           13.1.1988

Air

Von Versen, Sommern, Fäden weiß umsponnen,
so treibt mein Leben, treibt's an mir vorbei.
Hab weniges vollendet, viel begonnen;
was andern wichtig, war mir einerlei.

In mir der Honig ist fast ausgeronnen.
Bald wird die allerletzte Wabe leer.
Mein Glück, wohin? Die Siege, wo gewonnen?
Schmerz oder Schmerzen peinigen nicht mehr.

War das nun alles? frag ich mich versonnen.
Mein Leben treibt hinweg, als wär's vertan –
Da zündet Königskerzen, hohe Sonnen,
September mir zu Häupten an.

20.8.1988

SKRJABIN

Die Feuerstöße
aus den Mündungen
deiner Trompeten,
Skrjabin!

Deine gespielten
Exekutionen!

15.11.1988

MEINE DACHKAMMER

Meine Dachkammer.
Eine Türe.
Ein Fenster.
Mehr bedarf es nicht,
um Kontakt zu halten
nach draußen.
Der Blick auf Bäume
und Wolken genügt.
Später auf Eisblumen.
Horchen nach
Ausgebliebenem.

           3.1.1989

Schwimmen im Fluss

Ich schwimme durch die Laubwipfel im Fluß.
Sie gleiten durch mich hindurch
und lassen die Windstille zurück,
mir in der Brust,

          29.1.1989

MADRIGAL
Hommage à John Dowland

Im Wind das Wohlvertraute,
ist es die helle Laute,
die du vor Zeit geschlagen? –
Als tau in alten Tagen
verharschter Schnee: Tief innen
in mir will es beginnen:
Ich spür mein Herz zerrinnen.

5.1.1990

Duft der Quitten

Duften herb die Quitten
von den unerhörten
hingehauchten Bitten
aller je Betörten,
aller je Verstörten,
die sich nichts erstritten
mit – von wem gehörten? –
hingehauchten Bitten
als den Duft der Quitten?

21.9.1990

Getrogen

Ich zog hinaus mit Pfeil und Bogen
und zielte in die Luft – und traf!
Ich fragte nicht, wer mir gewogen.

Was ich getroffen wie im Schlaf,
was federleicht mir zugeflogen,
was es auch war, es hat getrogen.

                10.1.1992

Was ich gern wüsste

Was Blumen von mir halten,
und ob sie mein Erkalten
berührt, das wüßt ich gern!

Ist ihnen mein Erkalten
wie mir ihr Blattentfalten
und Blühn so fremd und fern?

Was mag in ihnen walten,
beschaun sie mein Erkalten
mit kühlem Blütenstern?

18.1.1992

An den Tod

Schließ mir die Augen nicht
mit deiner Knochenhand,
daß ich nicht ganz erblinde!
Laß mir ein wenig Licht,
wie es durch Blüten schimmert,
damit zurück ich finde,
wenn mir im Totenland
zu arg die Seele wimmert!

                28.1.1992

Die weisse Winde

Und wenn ich auch erblinde,
am Zaun die weiße Winde,
ich seh sie immerdar.

Die Nacht wird mir gelinde,
wenn ich sie tast und finde
am Zaun wohl Jahr um Jahr.

Und wenn ich einmal schwinde,
am Zaun die weiße Winde
sah ich noch nie so klar.

                        1.2.1992

WEGWARTE

Welche Geduld,
zu warten auf
nichts!

Aber uns nur
mag es scheinen,
es sei nichts,
zu warten
einzig auf Licht.

          29.5.1995

Teichrosenblätter

Teichrosenblätter:
sich entrollende Zungen,
die an die Wasseroberfläche streben –
um dann zu schweigen.

5.6.1995

Laubfall

Die Blätter lassen sich fallen
mit einem Vertrauen,
das anmutet wie Leichtsinn.

              8.6.1995

Der Blütenbaum

Einen Winter lang
steht der Baum da
mit geschlossenen Augen –

Plötzlich hebt er die Lider,
blickt dich an
aus weit geöffneten Blüten.

12.6.1995

In der Dachkammer

Ich hause unterm Dach
in einer engen Kammer –
die Wände schräg und flach
die Decke – wie im Sarg,
und nächtens lieg ich wach
und höre, wie es hagelt,
und immer hagelt's arg –
wie wenn aus Eis ein Hammer
mir meinen Sarg zunagelt.

17.6.1996

Alter Dichter

Ich habe nicht getan, was andre tun.
Nur Verse habe ich erfunden.
Und auch als alter Mann mag ich nicht ruhn:
Ich stochere in meinen Wunden,
und jeder Tropfen Bluts wird ein Gedicht.
Des bin ich froh: Die Wunden heilen nicht!

20.6.1996

BEI VOLLMOND

Das Mondaug blickt mich wissend an.
Weiß es mein Leben schon vertan?
Sieht es das Beil, mir im Genick?
Sieht es das Messer an der Kehle?
Was immer mir das Aug verhehle,
beschlossen liegt in seinem Blick
mein Sein und meines Seins Geschick.

20.6.1996

Mein stilles Haus

Die Erde ist mein stilles Haus.
Im Schatten der Zypressen
ruh ich von meinem Leben aus.

Das Haus, mir zugemessen,
es reicht mir zum Vergessen
der Kümmernisse aus.

5.9.1999

UNVERSÖHNT

Ich hab mich nicht daran gewöhnt,
daß in der Nacht in meinen Schlaf
der dumpfe Fall von Früchten tönt.

Ich schreck empor, weil einer stöhnt.
Wenn es auch einen andern traf:
Ich bin nicht mit dem Tod versöhnt!

8.9.1999

Nichts als Barmherzigkeit

Die Dichter haben ihn besungen,
ihm dennoch nicht ein Quentchen Zeit
mit ihren Versen abgerungen.

Auch ich, ich muß den Tod besingen,
um nichts ihm als Barmherzigkeit
bei meinem Sterben abzuringen.

                10.9.1999

In Sommernächten

In Sommernächten,
da in allen Gartenecken
es von Geheimnissen
und Wundersamem raunt,
bin ich nicht über meine
Sterblichkeit erstaunt.

Der Tod verliert in Sommernächten
seine Schrecken,
da es aus allen monderhellten
Winkeln raunt,
dem Sterben folg unweigerlich
ein Auferwecken.

13.9.1999

An den Tod

Komm nicht als Feind,
das würde mich verdrießen!
Als Bruder komm,
dann will ich dich empfangen
mit dir zum Kusse
hingehaltnen Wangen,
dann kannst du mich
in deine Arme schließen,
und ohne eine Träne
zu vergießen,
will ich dir folgen, Bruder,
ohne Bangen!

                17.9.1999

Kurzer Trug

Am liebsten sitze ich
auf einem Hügel.
Im Schlehdorn halten Vögel
ihr bescheidnes Mahl.
Ich träum, statt meiner Arme
hab ich Flügel
und flög dem Leid davon,
den Qualen sonder Zahl.

Wenn ich erwache,
schmerzen mich die Arme.
So maßlos weit, so überlang
war wohl mein Flug.
Ob sich der Flügelstummeln
wer erbarme,
die mir verblieben sind
vom kurzen süßen Trug?

25.9.1999

Der Tote

Und blies mir einer die Posaun
zum fröhlichen Erwachen,
mir wäre nicht zum Lachen.

Könnt ich dem ew'gen Leben traun?
Wer lebt, der muß auch leiden!
Ein jeder kann's beeiden.

Und keiner sollte darauf baun,
ihm sei nur ew'ges Leben,
kein ew'ges Leid gegeben!

Drum blas mir keiner die Posaun
zum fröhlichen Erwecken!
Ich würde nur erschrecken!

Mir ist hier unterm Blattgeraun
des Efeus wohl. Ich höre
das Nadelklirrn der Föhre.

Vorm Dunkel braucht mir nicht zu graun.
Ich lieg kommod. Ich werde
getröstet von der Erde.

27.9.1999

SPINNWEBEN

Die Spinnen weben
Totenhemd um Totenhemd.
Vielleicht auch meins.
Noch hängt's am Zweig,
noch bauscht's der Wind.
Wie künstlich Perlen Taus
hineingewoben sind!
Ein fürstlich Hemd, fürwahr,
doch mir steht es nicht zu!
Ich bin nicht edlen Bluts,
find nackt auch meine Ruh!
In einem Fürstenhemd
wär ich mir selber fremd!

19.10.1999

Eine Handvoll Himbeeren

Als ich auf einem Hügel saß
und eine Handvoll Himbeern aß,
die ich von einer Ranke pflückte,
da war mein Glück so ohne Maß,
daß alles Bittre ich vergaß,
und alle Furcht, die mich bedrückte.

Ich ließ mich fallen in das Gras,
und alles, was ich je besaß,
und alles, was mich je entzückte,
ein Mund, zwei Augen wie Topas,
war in den Beeren, die ich aß,
daß mir der Tod ganz weit entrückte.

27.1.2000

Kindheit in Dachau

Die Kinderkammer duftete,
die ungeheizte,
nach Birnen und nach faulen Äpfeln.
Immer roch
sie auch nach Küchenrauch,
der mir die Lungen beizte,
wenn ich beizeiten
in die klamme Liegstatt kroch.

Ich wärmte mich
an einem ofenwarmen Ziegel,
den mir die Mutter
unter meine Füße schob.
Der Vater schloß die Haustür,
klirrend mit dem Riegel,
und alle meine Furcht
vor Hexenspuk zerstob.

Wie seltsam, daß die Abendröte
nicht verblaßte!
War's überm Lagerschornstein
wieder Feuerschein?
Ob Hexen sie verbrannten,
die ich herzlich haßte?
Rapunzel war ich gut,
und fröhlich schlief ich ein.

29.1.2000

Mein Vorfahr

Beim Schlehdornbusch
– noch immer steht er auf dem Hügel –,
da zog mein Vorfahr
durch den Acker selbst den Pflug.
Sein Nachbar hatte wohl
schon eine Kuh am Zügel,
ein anderer ein Pferd,
das wild nach hinten schlug,
und wieder einer, der vielleicht
schon Schuhe trug.

Mein Vorfahr barfuß,
mit von Stoppeln wunden Zehen,
die höllisch brannten,
doch der Lehm war kühl und lind.
Den Hunger stillte er
mit einer Handvoll Schlehen.
Den Acker hatte er vom Grundherrn
nur zum Lehen,
jedoch das Licht war sein
und der Septemberwind.

29.1.2000

KASTANIEN

Mit Stangen schlagen Kinder
Roßkastanien von den Ästen
und sammeln sie in Körben,
Ränzeln, Jackentaschen
und schütten sie im Stall
dem Eber vor, ihn fett zu mästen,
doch eine Handvoll sparen sie
fürs zahme Reh zum Naschen.

Den Rest verstecken sie in den
Kommoden, Truhen, Kästen,
bei Eis und Frost noch einen
Glanz Oktober zu erhaschen.
Kastanien streun sie auch den
Raben hin, den Hungergästen,
die schönsten aber hüten Knaben
in den Hosentaschen.

1.2.2000

1935

Das Licht der Welt erblickte ich
im Februar,
als unser Fluß, die Amper,
zugefroren war.
Die Mutter hatte sehr
an mir gelitten.

Noch lag ein Hauch von Frieden
über jenem Jahr,
noch roch die Luft nicht
nach verbranntem Menschenhaar –
bedrohlich doch
der Hall von Stiefeltritten,

und immer wieder eine
Hitlerjugendschar.
Die Mutter dankte Gott,
daß ich noch Säugling war.
Der Vater hobelte mir
einen Schlitten.

                      1.2.2000

Die Eintagsfliegen

Die Eintagsfliegen tanzen
in der Luft,
und dennoch müssen sie
noch heute sterben,
klafft zwischen Lust und Tod
doch keine Kluft;
denn alle Lust muß er,
der Tod, beerben.

Sie tanzen, nah dem Tod,
im Abendduft,
und tanzen weiter,
während sie verderben,
und sinken tanzend
in die Rosengruft,
indes sie noch um einen
Anhauch werben.

     2.2.2000

LÖWENZAHN

Auf einer Anhöh,
licht und luftig lind,
behauchte ich als Kind
den Löwenzahn
und jauchzte auf,
wenn sanft im Juniwind
die schaumig weißen
Samen schwebten.

Was wußt ich schon
von Haß und Krieg und Wahn,
und daß in Angst
die Menschen lebten!
Ich sah im Blau
den Bomberflotten zu,
die silbern blitzend
südwärts strebten.

Ich ahnte nichts
von ihrer Todesfracht,
und daß die Städte brannten
Tag und Nacht
und selbst die fernen
Wälder bebten,
hier war geborgen ich
und sah voll Ruh

sehr steil aus Rauch und Feuer
eine Bahn
und Männer,
die vom Himmel schwebten,
die einen tot,
die andern lebten –
und Fallschirm war der
weiße Löwenzahn.

    4.2.2000

Der alte Walnussbaum

Der alte Walnußbaum in unserm Garten
war mir lieb.
Ich saß, im Wipfellaub verborgen,
still auf einem Ast
und horchte, wenn der Wind
die Nüsse aneinanderrieb,
die Blätterzungen sprachen,
ruhevoll und ohne Hast.

Sie redeten in einer Sprache,
die ich nicht verstand,
und doch: Ich spürte, daß ihr Reden
mir, dem Lauscher, galt.
Ich hielt mich fest an einem Zweig
mit meiner kleinen Hand,
und als ich losließ, war der Baum verstummt
und ich war alt.

5.2.2000

BROT, MAI 1945

Mit einem Brotlaib unterm Arm
stand ich am Straßenrand
und starrte auf die Fuhre,
die an mir vorüberrollte.
Aus einer Fracht von Toten
winkte knöchern eine Hand,
als ob sie sich ein Stückchen Brot
von mir erbitten wollte.

Und schnappte nicht schon ein
vom Lippenfleisch entblößter Mund
vor Gier nach meinem Brot!
Ob auch die Toten Hunger haben?
Den Brotlaib preßte ich an mich,
den Schlüsselblumenbund
für meine Mutter aber hielt ich hin,
den Hungermund zu laben.

9.2.2000

Erinnerter Ort

In einem Tümpel, halb im Schlamm,
ein Helm mit einem Einschußloch,
und ein zerfetzter Stiefel schwamm
im Wasser, das nach Ratten roch.

Ein Lattichblatt, verwestes Ohr,
am ausgebleichten Schädelbein.
Das Abendrot wie Blut vergor
zu einem bittren Totenwein.

Die Natter glitt durchs Einschußloch
aus ihrem Helmversteck hervor
ins Schilf, darin sie sich verkroch.
Ihr Gleiten, hörte es das Ohr?

Vom Schädel schor der Schnee das Haar.
Die Ratten bauten draus ein Nest
und hausten warm, und immer war
bei ihnen Schmaus und Totenfest.

Dem Wind Oboe war das Rohr
und Flöte ihm ein Ellenbein.
Wer seine Seele hier verlor,
dem haucht nie mehr ein Gott sie ein.

15.2.2000

Am Fenster

Wenn sich die Lust am Vers verliert,
im Mund die Zunge mir gefriert
zu einem stummen Klumpen Eis,
dann bin ich nah am Tod, bin Greis.

Seh schmelzen draußen ich den Schnee,
wenn sinnend ich am Fenster steh,
erwachsen draus mir Hoffen und Vertrauen,
es werde schmelzen auch mein Weh,
und meine Zunge werde tauen,
den Schlußvers flüstern, eh ich geh.

     1.9.2000

NACHTVIOLEN

Hier atme ich mich satt
am Duft von Blüte, Blatt
der Nachtviolen.

Dort gibt's nicht Blüte, Blatt,
ich wäre auch zu matt
zum Atemholen!

Wenn nichts ein Ende hat,
dann auch nicht Blüte, Blatt
der Nachtviolen,

auch nicht, lieg todesmatt
ich unter Blüte, Blatt,
mein Atemholen!

17.10.2000

DIE ACKERWINDE

Die Ackerwinde: Klarinettenrohr,
das haucht nur Stille aus, erlauscht mein Ohr.

Zur Stille paukt mein Herz den Ton, zwar hohl,
die Ackerwinde aber hört ihn wohl.

Sie hebt ihr blaues Klarinettenrohr
und spielt zum Herzgepauk mir Stille vor.

Und stellt mein Herz sein leises Pauken ein,
wird Stille noch aus blauer Winde sein.

23.10.2000

KINDERZEIT

Wir liefen barfuß durch den Nesselgrund.
Der Sauerampfer säuerte den Mund.
Das Bittre suchten wir mit Unverstand.
Wir hielten in die Nesselglut die Hand.

Die Schmerzen waren uns noch keine Pein.
Wer starb, verließ das Leben nur zum Schein.
Er lebte ja im weiten Himmel fort.
Noch glaubten wir der Priester Lehr und Wort.

Wir stiegen in den Wipfel eines Baums
und ahnten nicht das Ende unsres Traums.
Wenn Wind die Blätter aneinanderrieb,
war nur der kurze Augenblick uns lieb.

Die heiße Stirne kühlte uns die Luft.
Wir atmeten des Laubes herben Duft.
Die Walnuß lag in unsrer kleinen Hand
als unbegrenzten Daseins Unterpfand.

25.10.2000

Das Schilfrohr

Was flüstert im Schneewind das Schilfrohr,
was weiß es vom Jäger, der giert nach
dem Herzen des Wildes, das ich bin?

O schnitzte doch einer geschwind aus
dem Rohr eine Flöte, ehvor es
der Jäger erspäht und zum Pfeil nimmt!

Doch drängen gelinder die Töne
der Flöte ins Herz mir als sirrend
der Pfeil aus der Hand meines Jägers?

4.6.2001

Gefangene auf Erden

Wir sind Gefangene auf Erden.
Der Himmel wölbt sich zum Verlies.
Ob jemals wir begnadigt werden,
weiß nur, der uns ins Leben stieß.

Und wenn wir doch begnadigt werden,
sich auftun Himmel und Verlies,
dann nur zum Sterben hier auf Erden? –

nicht auch zur Auffahrt mit den Pferden
Elias' in das Paradies?

14.6.2001

Charons Blick

Ist es der *Lerche* Schmerzenslaut,
die hoch empor zum Himmel steigt,
dieweil der Heuschreck schrill im Kraut
die kurz bemessne Zeit vergeigt?

Die Wolke, ist sie Charons Kahn?
Als wisse er um mein Geschick,
starrt mich der grüne Heuschreck an:
Mir ist's, als sei es Charons Blick.

Indes im lichtdurchblitzten Blau
der Habicht jäh die Lerche stößt,
verrät, dem ich ins Auge schau,
nicht, wann er mich nach drüben flößt.

27.6.2001

An der Amper

Der Fluß floß ruhig und friedlich hin,
und in der Stille wisperte die Zeit,
die mir wie Wasser schien,
dem Meer zuströmend und der Ewigkeit.

Am Ufer blühte blutrot Mohn.
Hat er den Wellengang der Zeit gehört?
Ich bin von diesem Ton,
da ich nun alt, wie nie zuvor verstört.

28.7.2001

Im alten Prager jüdischen Friedhof

Ich sah das Licht die Namen kosen,
gemeißelt in den grauen Stein.
Spätsommerliche rote Rosen,
gleich Mündern, sprachen auf mich ein.

Sie hauchten mir den Duft der Namen
– Jemina, Tamar, Tirza – zu.
Ich aber fand zu keinem Amen.
Wo bist, Jemina, Taube, du?

Wo bist du, Tamar, Palme, schlanke,
du Tirza, die man lieblich hieß?
Wo bist du, Rode, Rosenranke,
du Blume aus dem Paradies,

wo bist du, edelste, geblieben?
Ihr Namen jüdisch alter Pein,
ein wenig, keusche, euch zu lieben,
wird meines Alters Freude sein!

31.7.2001

Auch in Edens Garten

Bald liege ich in Charons Nachen,
und ländet er am andern Ufer an,
werd ich im Paradies erwachen?

Ich fürchte, auch in Edens Garten,
nun alles Erdenleid ist abgetan,
wird Pein, dann ewig, mich erwarten.

11.8.2001

Leichter Ritt

Aufgeschreckt durch meine Schritte,
springt ein Heupferd querfeldein.
Wer auf seinem Rücken ritte,
müßt ein leichter Reiter sein!

Ja, ich stiege in den Bügel,
wär ich solch ein Reitersmann,
setzte übern Maulwurfshügel
wie in eines Zaubers Bann,

gäb die Sporen meinem Pferde,
daß es spräng noch übern Tann –
und zum Sprung von dieser Erde
spornt ich dann mein Pferdchen an.

25.8.2001

Kinderträumen nachgeträumt

Die Stachelbeere, winziger Ballon,
bereit, den Himmel zu befahren.
Ich lös ihn los vom Strauch und schweb davon,
wie ich's geträumt in Kinderjahren.

Und strandet er an einem Walnußbaum,
wird mir zum Kahn die Walnußschale.
Ich treib flußabwärts wie im Kindertraum,
und überschwappt den Kahn der Wellen Schaum,
nehm ich als Boot mir Welse, Aale.

26.8.2001

Rolands Hornstoss

Bläst Roland auf dem Schneckenhorn?
Der Heuschreck hört es wohl, die Grille auch,
doch Rolands Hornstoß, nur noch Hauch,
geht meinem groben Ohr verlorn.
Oh, bin ich denn geworden taub?

Was ich zu sehen glaub:
Zerfallen längst zu Staub,
müht Rolands Mund am Schneckenhorn
sich immer noch um einen Ton,
beginnend stets von vorn,
und: feueräugig Mohn
sprüht Haß und Rache dem Verräter Ganelon.

        28.8.2001

Sommertag

… Und hörte aus weiter Ferne
ein Posthorn im stillen Land.
Das Herz mir im Leib entbrennte …
    Joseph Freiherr von Eichendorff

Die gelbe Sonnenkutsche rollt,
wie zu des Freiherrn Zeiten sie gerollt.
Doch hörst du noch ein Posthorn blasen?

Ich lieg auf einem Haufen Heu kommod
und denk bisweilen an den Tod,
und wie sich's ruht, stumm unterm Rasen.

Lieg ich in meinem Grab bequem,
kläng es im Ohr mir angenehm,
hört ich von fern ein Posthorn blasen!

    10.10.2001

Verlassener Apfelgarten

Die Äpfel hat der Sturm ins Gras geschüttelt.
Wo ist die Hand, die sonst am Zweig gerüttelt?

Die unterm dürren Reisighaufen hausen,
die Igel, können ungestört nun schmausen.

Kein Mund macht ihnen mehr die Mahlzeit streitig.
Wer hier gespeist, labt sich nun anderweitig –
vielleicht an einer Frucht im Garten Eden.

Ich nenn es Glück, im Paradies zu speisen,
er aber wird von seinen Äpfeln reden
und sie vor allen Früchten Edens preisen.

15.10.2001

Bukolischer Abend

Der Hirt treibt von der Weide
die Herde in den Stall.
Ob ich am Leben leide,
was kümmert es das All!

Wird mir das *Sterben* glücken?
Der Hirt den Leitstier schlägt,
der stolz auf seinem Rücken
seit je Europa trägt.

Wird bald mein Mund sich füllen
mit sanfter Erde Staub?
Weithin des Stieres Brüllen
bezeugt Europas Raub.

                1.11.2001

NICHT TOT

Abendröte: Abendrose.
Ähren duften süß nach Brot.
Alles ist Metamorphose –
und auch nicht sein heißt nicht tot.

2.11.2001

HÉLENA

Verbirgt sie sich in Zweig und Blatt
noch immer vor dem Troerkrieg?
Verklungen längst der Griechen Sieg:
Wo Troja einst gestanden hat,
verweht der Staub der Schädelstatt!

Sucht Hélena, vor Sehnsucht wund,
in meinem Menelaos' Mund,
wenn ich im Wipfelschatten lieg,
mir einen Zweig herniederbieg,
des Laub mit Lippen scheint im Bund?

Ein Schiff dort ankert in der Bucht.
Plant sie schon ihrer beider Flucht,
indessen ich vergeh vor Lust,
im Laub mich lockt Limonenfrucht
als Hélenas enthüllte Brust?

4.11.2001

VOGELLAUT

Mein Auge ist des Sehens müd,
und leid des Hörens ist mein Ohr.
Ein Ruf des Nachts klingt schon zu rüd.
Doch wispert mir ein Vogel vor,

hör ich es gern, wie's raunt im Laub.
Ich horch mich in den Vogel ein,
und bin ich einmal blind und taub,
wird nur sein Laut in mir noch sein.

6.11.2001

AUGENSPIEL

Betrachte ich der Veilchen Blau,
scheint's mir ein Augenspiel zu sein,
das mich verlockt und schwört mich ein.
So nur liebäugelt eine Frau –
la mort, der ich ins Auge schau?

9.11.2001

HAIKUSCHRIFT

Die Haikuschrift, aufs Blatt getuscht,
wie Schilf, darüber Wind hinhuscht.

Ich las nicht weiter, hab gelauscht:
Wie Schilfrohr hat die Schrift gerauscht.

Dies Rauschen – tausend Jahre hat
es überdauert auf dem Blatt.

Da ich nun alt, erlauscht mein Ohr,
was es erlauscht hat nie zuvor?

                10.11.2001

Iris

Ich wünsch, daß mich die Klinge
des Irisblatts durchdringe –
Mir wär's ein sanfter Stoß
ins Herz, und ließ' ich los,
was von den Erdendingen
ich innig hab umfangen,
könnt ohne Furcht und Bangen
das Sterben mir gelingen.

13.11.2001

Resümee

Nun alt ich bin, erforsch ich mein Gewissen.
Das Ewige Gericht erschreckt mich nicht.
Was ich getan, der Richter wird es wissen:
Am liebsten wohl ersann ich ein Gedicht.

Auch lag ich gerne unter hohen Bäumen,
wenn Laub, vom Geist erfaßt, sein Schweigen brach.
Dann hätt ich können auch den Tod versäumen,
dem lauschend, der mit Blätterzungen sprach.

Ein wenig zu liebäugeln mit dem Sterben,
war mehr doch als ein schnöder Zeitvertreib;
denn um die Gunst de la belle mort zu werben,
schien mir wie's Werben um ein schönes Weib.

15.11.2001

Hinter Dachau

Was tut die Erde kund
– Zikade leiht den Mund –,
und was erhorcht der Mohn
sich aus dem hohen Ton?

Tut mir die Erde kund
aus der Zikade Mund
den Schlußvers zum Gedicht –
und ich versteh's nur nicht?

Was blickt mich an der Mohn?
Mir scheint es, voller Hohn –
weil er den Schlußvers kennt,
den mir sein Rot nicht nennt?

21.11.2001

ANDERE ART DER AUFERSTEHUNG

Du Rosenranke um die Stele,
vergiß im Grab den Toten nicht,
verwurzle dich in seiner Seele
und sauge sie herauf ans Licht!

Wie sonst wohl könnt sie sich befreien
aus taubem Staub, tief in der Gruft!
O gib der Seele dich zu leihen
und hauch sie, Rose, aus als Duft!

25.11.2001

KZ-Friedhof in Dachau

Dem Grund entquillt des Nebels Brodem,
der mütterlichen Erde Odem.
Sie hält die Toten sanft umfangen,
auf daß sie schlafen ohne Bangen.

Der leise Fall der Vogelbeeren
wird ihre Ruhe nicht versehren.
Mög nimmermehr der Herr sie wecken
zu neuem Leben, neuem Schrecken!

Die Martern haben wir verschuldet,
und er, der Herr, hat es geduldet.
Er mag uns Lebende bestrafen,
die Toten aber laß er schlafen!

29.11.2001

Meine Zunge

Mir wird die Zunge stumm und klumpenschwer.
Ein wenig schmeckt sie schon nach Erde –
wie wenn sie, ach, zu ihr zurückbegehr!

War ehdem sie ein Lindenblatt,
das sich nach einem Mund gesehnt, nun, seiner satt,
der Wandlung harrt: daß wieder Blatt es werde?

3.12.2001

Im Laubengang

Im schattendunklen Laubengang,
da schmerzt es nicht so sehr, das Licht
im morgendlichen Überschwang,
und auch das Stückchen Himmel nicht

am Ausgang, das zur Ewigkeit
der Eingang scheint, mir aufgetan.
Rührt schon ein Hauch Unendlichkeit
an meine Stirn, schreit ich voran?

4.12.2001

Die Pappelallee

Die Pappelallee,
mir scheint es, sie ende nie,
wie niemals mir enden Herzweh
und Hypochondrie,
und endet sie doch,
dann im sphärischen Blau
als Schlupfloch
zu Edens verschollener Au?

5.12.2001

Die Schatten der Toten

Was bietet man den Schatten an,
die sich zur Nacht uns zugesellen?
Sie haben weder Mund noch Zahn,
und was wir auf den Tisch auch stellen,

die Kanne Wein, vom besten Roten,
löscht ihren Durst gewißlich nicht,
und auch den Hunger stillt den Toten
das Brot nicht, das man ihnen bricht.

Sie wollen nur, daß sich ein Arm
um ihre Schattenschulter lege,
und ist ums Herz dann ihnen warm,
so gehn sie wieder ihrer Wege.

Wir werden selbst bald Schatten sein.
Wer wird sich *unser* dann erbarmen,
bewirten uns mit Brot und Wein,
das Herz uns wärmen, uns umarmen?

31.7./11.12.2001

Cantus serenus

Kein Apfelduft von Eden her –
drum wähn ich Eden wüst und leer!
Wenn Eva keinen Apfel reicht,
hab ich nach Eden kein Begehr!

Wie stünd es mit der Wiederkehr,
wenn Angst in Eden mich beschleicht,
weil keiner eine Gambe streicht,
zur Laute singt, den Fraun zur Ehr?

Auf Erden atmet es sich leicht
in Apfelgärten ringsumher,
und ist des Daseins Ziel erreicht,
drückt auch die Erde nicht zu schwer!

              18.12.2001

Cemeterio napolitano

Unter laubigen Limonen,
wo die Abgestorbnen wohnen,
atme ich der Zitren Duft,
die umhangen Grab und Gruft.

Eine bittere Limone
drücke ich mir an die Brust,
und ich jauchze auf vor Lust –
weil ich bald bei Toten wohne?

23.12.2001

Diener des Gedichts

Zur Walnuß schrumpfte wessen Kopf,
beinschädlig und geschorn der Schopf,
und hinter grüner glatter Stirn
denkt welche Untat wessen Hirn?

Beschau ich mir das Schädelbein,
müßt ich Gevatter Schaufler sein,
zu deuten mir das blanke Nichts –
Ich bin nur Diener des Gedichts!

28.9./23.12.2001

Zu guter Letzt

Und wenn das Dasein mir zerbricht,
so ende es mit Lobgesang
auf meinen Erdengang,
der ward mir zum Gedicht!

25.12.2001

Anmerkungen

1. Das Datum unter dem jeweiligen Gedicht gibt den Entstehungszeitpunkt wieder.

2. Gevatter Schaufler (in «Diener des Gedichts»): William Shakespeare, Hamlet, 5. Aufzug, 1. (Totengräber-) Szene.

3. Gedichte wurden vergriffenen Lyrikbänden entnommen, sowie Lyrikbänden, bei denen die Rechte beim Verfasser liegen.

4. Der Verlagsanstalt «Bayerland», Dachau, wird für die Erlaubnis zum Abdruck von Gedichten aus den Lyrikbänden «Unter dem Chrysanthemenmond» und «Stimmen im Laub» gedankt.

5. Gedichte wurden auch dem Band «Mein irdisches Eden» entnommen, bei dem der Verlag Buch & medi@, München, die Rechte besitzt.

6. Die Gedichte ab 2001 sind bisher unveröffentlicht.

Inhalt

Blauer Falter · 7
Sommermittagstunde · 8
Sternwespen · 9
Spät im September · 10
Tagneige · 11
Ein Sommertag · 12
Verlassener Pfad · 13
Weißes Briefpapier · 14
Sommermittag · 15
Im Lupinenlicht · 16
Im Gras · 17
Amseln im Schnee · 18
Bäume · 19
Doch niemals ruft einer · 20
Mahnmal · 21
An einem Novembertag · 22
Sich zurückziehen · 23
Kirschbaum im Regen · 24
Einzige Möglichkeit · 25
Unter gewissen Voraussetzungen · 26
Schon jetzt · 27
Urzustand · 28
Glauben genügt nicht · 29
Wie Sonne · 30
Gefahr · 31
Herzverpflanzung · 32
Dachaus schwarze Erde · 33
Er war nicht Marsyas · 34
Von Jan Pietersson Sweelinck · 35
Wahrnehmung · 36
Bei jeder Zeile · 37
Ohne Widerrede · 38

Manchmal erschrecke ich · 39
Unter der Zunge der Knoten · 40
Fragen · 41
An der Isar · 42
Leicht zu ertragen · 43
Nymphenburg · 44
Arten, den Wuchs zu messen · 45
Liegen · 46
So leicht also! · 47
Im Schnee · 48
Windstille · 49
Wolfgang Amadè · 50
Mit der Erdkugel am Fuß · 51
Dachau, 1945 · 52
Unser Platz · 53
Wachsende Mehrheit der Friedfertigen · 54
Hölderlin · 55
Die vollkommene Art und Weise zu reden, zu schweigen · 56
Was wird sich noch zeigen? · 57
Der Schatten des Türmers · 58
Ich, Kolumbus · 59
Winterlandschaft · 60
Der Dichter · 61
Vor der Nacht · 62
Johannisbeeren · 63
Fruchtfall · 64
Fürst Myschkin · 65
Käm da einer und riefe · 67
Namenlos · 68
Der Tod in Flandern · 69
Mit Trakl · 70
Air · 71
Skrjabin · 72
Meine Dachkammer · 73
Schwimmen im Fluß · 74

Madrigal · 75
Duft der Quitten · 76
Getrogen · 77
Was ich gern wüßte · 78
An den Tod · 79
Die weiße Winde · 80
Wegwarte · 81
Teichrosenblätter · 82
Laubfall · 83
Der Blütenbaum · 84
In der Dachkammer · 85
Alter Dichter · 86
Bei Vollmond · 87
Mein stilles Haus · 88
Unversöhnt · 89
Nichts als Barmherzigkeit · 90
In Sommernächten · 91
An den Tod · 92
Kurzer Trug · 93
Der Tote · 94
Spinnweben · 95
Eine Handvoll Himbeeren · 96
Kindheit in Dachau · 97
Mein Vorfahr · 98
Kastanien · 99
1935 · 100
Die Eintagsfliegen · 101
Löwenzahn · 102
Der alte Walnußbaum · 104
Brot, Mai 1945 · 105
Erinnerter Ort · 106
Am Fenster · 107
Nachtviolen · 108
Die Ackerwinde · 109
Kinderzeit · 110

Das Schilfrohr · 111
Gefangene auf Erden · 112
Charons Blick · 113
An der Amper · 114
Im alten Prager jüdischen Friedhof · 115
Auch in Edens Garten · 116
Leichter Ritt · 117
Kinderträumen nachgeträumt · 118
Rolands Hornstoß · 119
Sommertag · 120
Verlassener Apfelgarten · 121
Bukolischer Abend · 122
Nicht tot · 123
Hélena · 124
Vogellaut · 125
Augenspiel · 126
Haikuschrift · 127
Iris · 128
Resümee · 129
Hinter Dachau · 130
Andere Art der Auferstehung · 131
KZ-Friedhof in Dachau · 132
Meine Zunge · 133
Im Laubengang · 134
Die Pappelallee · 135
Die Schatten der Toten · 136
Cantus serenus · 137
Cemeterio napolitano · 138
Diener des Gedichts · 139
Zu guter Letzt · 140

Anmerkungen · 141